안춘자 첫시집

강 건너는 안개

책과내일열린시

• 본 도서는 2025년 양산시문화재단 〈양산시문화예술지원사업〉
으로 지원을 받았습니다.

가슴에 내리는 시 160

강 건너는 안개

지은이 안춘자
펴낸이 최명자

펴낸곳 책펴냄열린시
주소 (48932)부산광역시 중구 동광길 11, 203호
전화 010-4212-3648
출판등록번호 제1999-000002호
출판등록일 1991년 2월 4일

인쇄일 2025년 9월 27일
발행일 2025년 9월 30일

ⓒ안춘자, 2025. Busan Korea
값 12,000원

ISBN 979-11-94939-05-4 03810

• 저자와 협의하여 인지를 붙이지 않습니다.
• 잘 못된 책은 바꿔 드립니다.
• 이 책의 내용 중 일부 또는 전부를 저자 및 출판사의 동의없이 사용하지 못합니다.

□ 자서

먼 길을 돌아 늦은 날에 서툰 걸음을 했다
씨줄 날줄로 곱게 엮어보려 했지만
허술한 곳 꿰매어 걷고 또 걸어야겠다
솔바람으로 훈풍 일으켜
작은 풀밭에서 피워내는 꽃향기 따라
무지갯빛 단상을 풀어 펼쳐본다.
묵묵히 응원해 준 가족들 그리고
도움을 주신 모든 분들께 감사드립니다.

2025년 9월
안춘자

목차…4
자서…3

제 1 부

가을 그 어디쯤…11
가을 들판에서…12
감꽃 필 때…14
가을날…16
감자…17
강 건너는 안개…18
검정 고무신…20
겨울 해변…22
고라니가 살고 있다…23
고요 속으로…24
골목…25
관계…26
금정산에 오르다…27
까끌레 뽀끌레…28
껍질을 벗다…29
꼴망태…30
꽃은 거울이다…31
꿈꾸는 동굴…32

발…33
꿈속의 무대…34
낙타를 타고…35
버려진 시계…36

제 2 부

노을 앞에서…39
날아간 모자…40
내가 걷는 길…42
노래하는 나비…44
눈동자에 반하다…46
더위 먹은 담쟁이…47
눈을 감고…48
능선 넘는 빈손…50
도토리묵…51
동네 한 바퀴…52
돌길…54
딸의 곰돌이…55
물속에 노을…56
목화솜 이불…57
말린 꽃잎…58
맞선 보던 날…60

멀어져 가는 그림자…62
못이 빠지다…64
밤바다…65
봄날은 창밖에…66

제 3 부

빨간 우체통…69
불 밝히고…70
새장…71
새벽빛에 감긴 산책길…72
색달 식당…74
석공…75
소나무 그늘…76
소꿉놀이…78
소나무에 앉은 바람의 노래…79
한가한 소풍…80
수양버들 곁에서…82
승강기에서…83
아침 풍경…84
누구도 모르는 사랑…86
아침 산책…87
어둠에 빠지다…88

비밀과외…89
어린나무…90
언니 택배를 받다…92

제 4 부

언어를 찾다…95
오봉산 임경대…96
엄마…98
오솔길에 서다…99
운제산 오어사…100
유년의 보따리를 풀어 헤치고…102
이슬…104
잎이 지고 나면…105
잠자는 그릇…106
장독대…108
징검다리 건너며…110
책을 덮고…112
절정에서…114
장미꽃 한 송이…115
탱자나무 울타리…116
친정 나들이…118
물금 광산…119

학동에 가다…120
할미꽃…121
해인사 소리길…122
혼자 웃다…124
황토방…126
핸드폰을 끄고…127

해설/현존재 인식의 뿌리 · 강영환…128

제 *1* 부

가을, 그 어디쯤

억새밭 하얀 비밀이
파노라마를 만들었다
갓 스물을 넘겨 쓴
청춘 일기장에 그려놓은
생각만으로 마음이 따뜻해지는
한 사람
울컥 차오르는 가슴 안으며
노을처럼 물 들은 낙엽
바람으로 안겨
그 모습 그대로 머물러 있는

가을 들판에서

햇살은 맨발로 들녘을 누비고
고추잠자리 하늘호수에 노를 젓고 있다
가을볕에 금빛 머리칼을 넘기는 벼
태풍도 이기고 장마도 견디어
새참 밥 냄새 온 들판에 풍긴다

유행 지난 옷을 껴입은 허수아비
깡통 들고 외다리로 버티고 서서
무성한 계절을 덧없이 보내고
가슴 적시는 빛바랜 풍경 속 앨범

어머니 낡은 옷자락이 나뭇잎으로 나부낀다
빈 들판 깻단 들고 서성이는 가을걷이
푸른 꿈은 퇴색되어 가고
흔들리는 단풍은 종소리처럼 흩어진다

달빛이 깊어지고 물소리 맑아지는
가을이 깊을수록 너도나도 익어 가는데
서리 내린 들판에 하얗게 새겨진 이야기

손에 쥔 과육들을 내려놓고
고슬한 햇살에 나를 말린다

감꽃 필 때

감나무 가지 사이 달려든 햇살에
몸을 데우는 감꽃
목걸이 만들어 소꿉놀이하던
골목길 친구들이 모였다

어느 길이 내 길인지도 모르고
앞만 보고 주어진 대로 살다가
얼굴에 검버섯을 찍고 희끗해진 머리로
풀꽃 같은 감꽃을 밤새 이야기했다

한 마을에서 나고 자라서
여고 시절까지 같이 보낸 사 총사
첫아이 등에 업고 모여 색종이 펼쳐놓고
종이배 접어가며 꿈도 키웠다

미국서 온 소영이는 지금이 제일 즐겁고
서울 사는 소희는 혼자 사니 편하다 하고
울산 친구 소정이는 아직도 사업에 몸을 담고
흙을 만지며 푸성귀 심어 먹는 자야는

풀밭에 꽃도 가꾸며 하루 해가 짧다

감꽃이 불러 모은 동무들
목화꽃 피고 지고 솜털 구름이 하늘을 덮는 날
종이배는 연못에 띄운다
크루즈 여행을 떠나자는 약속
감꽃 필 때를 기다리듯

가을날

바람이 혼자서 논다
햇살은 고추잠자리떼를
붉게 풀어놓고
뭉게구름을 쏘아 올린다
산과 들 논밭에서
서성이며 줄달음치며
가을은 그렇게
바람으로 익어 간다

감자

감자를 캐면서 알았다
감자의 눈이 발아 되어 파랗게 싹이 트고
눈에서 은근한 사랑이 시작되어
어미에 딸린 새끼들로 산다는 걸

흰 꽃 피운 살색 감자
보라색 꽃에 자색 감자
꽃 피우고 시든 줄기
그 사랑이 흙 속에서 영글어
내 어미 닮으려 둥글게 고물이 찬다는 걸

감자를 캐면서 세상 이치를 배우고
떨어져 사는 형제들 여기저기 챙기며
늦깎이 농부도 맘에 고물을 채우고 있다

강 건너는 안개

강가를 걷다 보면
거칠게 휘감아 도는 물결 위에
가만히 드러눕는 안개
눈감고 다가가 젖은 손등을
어루만지고 싶은 날이 있다

안개는 말없이 와서
흐르는 가슴을 감싸 안으며
날개를 펴 흰옷으로 갈아입고
무거운 등짐을 가볍게 풀어 놓는다
무량하게 낮은 곳으로 흐르는 어깨

다만 누군가 눈빛이
지상을 떠났을 때
산도 강물도 제자리에 내려놓고
앞산 허리를 휘감아 홀연히 사라지는
안개의 인도가 필요했으리라
어디로 가는지는 묻지 않는다

강물이 첨벙거린다
흩어졌던 모든 길이 돌아와
앞서가는 강물 등을 토닥이며
물 위를 걷고 있는 은빛 날개를 접는다

검정 고무신

강물보다 낮게 흐르는 소리로
속을 비우는 푸른 종소리
내 가벼워진 이마에 내려놓고 간
보리피리 소리에 그림자를 밟는다

보리누름에 가마솥 아궁이 불 지피면
청솔가지 연기가 맵고 까끄럽다
하얗게 질린 낯빛 흔들리는 어깨
이 땅 할머니 보릿고개는 아리랑고개

댓돌 위에 가지런한 흰 고무신
바지게 그늘에 누운 지게 작대기
헛간 한쪽에 걸린 망태기
서쪽으로 가는 바람 길을 따른다

소꿉친구 재자는 엄마 없는 외톨이에
헌 옷에 검정 고무신만 신고 다녔다
'검은 신 똥 신'
왜 그리 놀려댔을까

나도 흰 고무신이었는데

코흘리개 유년은 가난해도 눈 시려웠다

겨울 해변

겨울 낭만은 해변이다
허기져 다가오는 고래 울음소리
깊이를 알 수 없는 높은 주파수
소용돌이치는 물보라 거품 토하는 방파제

파도가 울부짖으며 멍든 바다
여름밤 열병을 앓다 빈집이 되네
조잘대던 걸음마다 모래 속에 갇힌 밀어
축제의 함성이 바다에 빠진다

우울한 날엔 파도를 만나려간다
물결이 주름진 내 얼굴에 흔적처럼 밀려올 때
시린 바람 들이키며 묵은 짐 풀어낸다
겨울 해변은 고독도 낭만이 된다는 걸

노을이 번지는 겨울 해변
하늘이 손잡고 논다
화폭에 담기는 풍경이 낭만이다

고라니가 살고 있다

집 옆 작은 숲에 고라니가 살고 있다
숲길 옆으로 돌을 깔아 오솔길도 내어주고
묵정밭을 갈아엎어 채전밭을 일구었다

봄부터 씨앗 뿌리고 풀과는 이웃이다
작물은 주인 발자국 소리 듣고 자란다는데
이웃에 살고 있는 고라니가 훼방을 놓고 간다

어린 싹부터 먹어대더니 신이 났는지
멀건 대낮에도 만물상을 휘젓고 터를 잡는다
고추는 빨갛게 매운맛 들이고
참깨는 토닥이는 소리에 여물어져
밭두렁 비탈에는 누렁 호박이 햇살에 졸고
어둑할 때 깜빡이는 태양열 등은 그저 웃고 있다

옥수수수염이 마르기도 전에 입맛 다시는
어쩌면 나는 숲속 고라니를 위해
채전밭을 가꾸는 농부인지도 모르겠다

고요 속으로

고요를 저마다 무채색으로 입혀
지난 날을 구워 삶은 흑백사진
뒷길에 나만 밀려난 것인가
종이상자에 갇힌 나를 바라본다

헐거운 바람도 왔다가 사라지고
열리지 않는 창밖을 서성이다
견뎌낸 밤만큼 갈라 터진 발등에
따사로운 아침햇살 한 덩이

몸은 시간이 만든 거울
거울 속 목주름과 친근해진 노을
아장바장 구불한 산길을 지나와
버석거리는 낙엽을 밟고 있다

커피잔 위로 쏟아지는 쌉쌀한 빗소리
가슴에 햇살을 불려놓고
풍경을 빗으며 내가 듣는 이 고요
모두 다독여 앉혀놓고 싶다

골목

돌담으로 이어진 골목길에
물동이 이고 오시는 엄마의 새벽이
멀리서도 보인다
이른 아침 돌담 너머 바람이 불어
빈 바가지에 하나 둘 주워 담은 감꽃
목걸이 만들고 팔찌도 만들었던
그 골목이 눈에 선하다
두레박으로 정을 퍼 올린 우물가
유년의 시간에 걸음을 멈추면
돌담 아래 골목에서 소꿉놀이 하던 동무 얼굴
하나 둘 동그라미로 그려 본다

관계

양산 오일장 파장은
골목마다 막걸리 내가 흥건하고
저잣거리 오가는 이의 발걸음도 비틀거려
빈 수레바퀴가 주인 찾아 헤맨다

구석지고 허름한 시장 한쪽 고개 떨군 선풍기
한때는 뻥튀기 기계 옆에서
주인 바라보며 쉼 없이 돌고 돌아
더위 먹은 푸념도 술주정도
낮은 자세로 끌어안았지

장터를 끼고 도는 모퉁이에 묵묵히 자리 잡아
아낙들 짐 보따리 줄을 세우고
'뻥 이요' 호루라기 소리에
꽃송이 부풀리며 날려주고
당당하게 고개 들어 함께한 시간

달려온 시간만큼 너덜해진 채로
고개 떨군 채 눈감고 귀 멀었다

금정산에 오르다

하늘 시원이 어디인지 모른 채
금정산 봉우리와 맞닿는 그곳
솔바람 훈풍을 일으켜
파도를 닮아가듯 되돌아와
고당봉 능선을 따라 흐르고 있다

사람들 발걸음 가볍게 오가는 사이
낙동강 은빛 물줄기가 눈앞에 흘러가고
등줄기 맺힌 땀방울이
마당 넓은 집 빨랫줄에 홑이불처럼 마를 즈음
고당봉 정기 모은 금샘

발아래 수 천 지붕을 한 눈에 본 듯
사랑으로 보듬었다

까끌레 뽀끌레

깎지도 않고 볶지도 않고
몇 달을 버티고 있다
온몸이 무기인 바이러스 앞에
모임도 여행도 멈추고
코로나와 대치 중이다

텅 빈 미용실
원장님 가위 손이 쉬고 있다
마스크 쓰고 모자 덮어씌우면
어디로 가야 하는지
나날이 늘어나는 숫자에
까끌레 뽀끌레의 손님은 줄어
사각 방호벽을 언제 뚫고 나갈지
시름만 깊어진다

껍질을 벗다

껍질 벗어두고
매미 날아간 자리마다 환하게 적막이 핀다
적막 속에서 터지는 꽃망울
안쪽에서 새로 돋아 날
연초록 잎이 잠깐씩 보인다
그때마다 내 속에서 무엇인가 차올라 터져 나온다

칡넝쿨로 얽혀 살면서
작은 일에도 손 내밀어 준 사람들
구름도 못 가는 세상을 가보겠다고
남겨진 안녕을 모두 끌어안고 눌러 앉은 시간들

껍질을 벗듯 옷을 벗고
허공을 건너는 달빛에 몸을 누인다

내가 빠져나온 자리 적막이 피어나 환하다

꼴망태

칠 남매가 다 모인 친정엄마 제삿날
부추 밭 가려고 낫 가지러 갔다가
헛간 벽에 유령처럼 걸려 있는 꼴망태
풀 베려 산과 들을 누비던 소녀가 웃고 있다
아버지 손때 묻은 새끼줄로 꼬아 만든 멜빵
거친 세월 속 굵은 땀방울에 젖어
누렇게 삭아 축 늘어져 있다
벙글게 역인 네모난 구멍으로 겨우 숨 쉬고 있는

재산 1호였던 소가 새끼를 낳아 키우는데
어깨 아프도록 먹이를 날랐지
재 너머 소 풀을 베려고 일상처럼 다니면서
망태기가 터지도록 꼭꼭 눌러 담았던
풀꽃향기 온 산을 덮던 여름날
계곡물은 약수가 되고 목욕물도 되었지

일곱 남매 웃음과 울음이 담긴 망태기
풀을 베다 낫에 베인 흉터가 왼손 곳곳에 남아
가슴에 상흔도 지워지지 않는데

꽃은 거울이다

꽃은 저마다 빛깔과 모양을 가진
나를 지우고 어둠을 걷어내면
오래 볼수록 설렌다

거울은 마음이다
잔디 위에 꽃망울이 뒹굴고
앙다문 입술에 웃음이 샌다
아장대는 맑은소리에 솜사탕이 녹는다
둥근 달이 뒹군다

안마당은 꽃 거울이다
푸르게 넘어져도 노랗게 일어나는 재롱
하늘이 나비를 몰고 다닌다
거짓을 모르는 꽃밭에 숨은 힘

네 안에 내가 있다
하루를 여미기 위한 출렁이는 가슴
투명하게 숨어버린 일그러진 그림자
꽃 거울 보며 어루만져주고 싶은 고운 힘

꿈꾸는 동굴

구불한 길 위에서 걷다 달리다
돌부리에 채이고 넘어지고
그 길 모서리에 갇힌 너
어둠에 갇히면 눈도 깊어져
내 가까이 가라앉는 숨결
모난 돌도 무디어지고
나에게 검은 화살은 없었는지
맑은 하늘에 한 눈 판다

길 끝에 또 다른 길
일상은 제자리를 찾아가고
꽃 피고 새 지저귀는 유년의 창고
움막 같은 동굴을 꿈꾼다
한 계절이 다가설 때
두 손 잡고 맞이하고 싶다

발

산모퉁이에
가출한 발가락이 널브러져 있다

밟고 밟히는 길 위에
바닥을 짚어가며 걷는다
밑바닥에서 견디느라
발길 가는 대로 길이 열린다

온종일 걷고 뛰고 허우적대다 깊게 패인
돌부리에 채여 넘어진 상흔
낮은 걸음으로 왼발이 나서면 오른발이 따라 간다
발끝으로 쓰는 몸의 품격

종종걸음으로 발바닥이 아픈 날
누르고 다져 산 그 아픔도 네가 챙겨
쉼 없이 달려온 굴렁쇠
따뜻한 아랫목에 눕힌다

어깨를 나란히 적당한 거리

꿈속의 무대

날마다 마주하는 작은 안부
무심히 이는 파문에도 그 내력을 읽는 바람
산골짜기 기어오르는 물안개 젖은 손
구름으로 그림을 그리다 만다

산 사람보다 귀신이 더 많이 살고 있는 고향
낡아가는 집의 주인공이 되어
사라져 버린 바람을 데리고 꿈으로 가는 길
기다린 얼굴이 구불구불 부끄럽게 닿는다
흙먼지 일으키며 시오리를 달리던 푸른 악동
길을 머리에 이고 꽃 피우는 동심
반세기를 절뚝거리며 꿈꾸듯 살아왔음을
눈가에 주름이 웃고 있다

한적한 마을에 모여든 늙은 철부지들
아무렇게 읽어도 위로가 되는
흠뻑 젖어 바람으로 맴돌고 싶은
어머니 품에서 키우는 사랑
언제나 오래된 무대가 된 한 폭 수채화

낙타를 타고

목마른 낙타를 타고
오아시스를 찾아 나선다
눈썹은 무겁고 갈 길이 보이지 않는
저 무량한 허공에 가자면 가고
싸늘한 채찍에 패인 발자국이 놓인다

사막 아니라도 모래성을 쌓고 허물고
등 굽은 허리를 펴지도 못한 채
몸속에 물을 지고 고지를 향한 행군
근육 풀린 다리를 지탱해 주는 지팡이

사막을 건너고 오아시스를 만나
오늘 걷던 길을 변함없이 가기 위해
낙타를 타고 내린 지팡이가
투덜거리며 갈증을 이겨내는 그곳

포항 죽도시장 대게집

버려진 시계

버려진 벽시계에서
오래된 기침소리 흘려 나온다

아흔일곱 재영이 할아버지
먼저 간 아내 허공에 머무는 고향으로 가려고
이삿짐 꾸리던 날 큰딸이 버린 시계

허락 없이 버렸다고
혈육의 정 끊자는 호통에
놀란 며느리 고물상 수소문해
낡은 괘종시계 모셔 가니
똑같은 걸 내놓으라 하신다

세월이 가도
당신 법대로 사시는 고집불통 막무가내

큰딸이 내버린 벽시계 안에서
시간의 뚝심이 쏟아진다

제 2 부

노을 앞에서

노을이 하늘을 꼬드겨
온 산을 불 지핀다
고요한 빛이 있어 아름다운 서쪽

가슴 흥건히 밀물져 온
땀 젖은 허리끈 풀어
젖은 발목을 말리려 누웠다

붉은 함성 토해내는 해
살아있어 함께하는 호흡
온몸에 빨려드는 전율
산도 강도 서서히 물들어 간다

노을 저무는 그곳에 드는 어스름
유려하게 흘러내리는 능파
수채화처럼 내밀히 익어가고
자연은 침묵이다

날아간 모자

앨범 속 푸른 만남에서
등 기대며 돌아보지 않고
멀리서 집을 위해 달려온 그림자
하루해가 길어진 은퇴 후의 산책길

유럽으로 떠난 보름간의 여행
앞에 가는 사람은 길을 찾아 나서고
뒤따르는 사람은 앞선 등을 보고 걷는다
등 기대고 살다가 손잡고 다져가는 사이

낯선 발걸음과 풍경에 뒤따르는 일정
숙소를 나와 차가 출발하는 순간
'아차! 모자를 두고 왔네'
순간 내 손을 잡으며 입을 꾸욱
'더 이쁜 거 사 줄게'
맞추는 눈에 빛이 쏟아 진다
단체에 대한 기본 배려라 하니

날개에 맞서지 않고 길을 떠나니

길은 구불거렸고
모난 귀퉁이에 박힌 못들이 치밀어
헌 문짝처럼 덜컹거리다 눈물로 닫히고
둥근 단추 여미며 꿈을 벗는다

베네치아에 두고 온 모자

내가 걷는 길

내가 걷는 길 위에 그대가 있다

앞서간 그림자가
더 맑게 투영되는 강가
등짝에 짊어진 짐 그대 시선
길 없는 길을 가는 걸음이 있다

그 걸음 거리를 좁히지 못하고
더러는 아프고 힘들어도
깊은 입속 모난 돌 둥글게 말아
강물로 굽이치며 흘렸다

모든 길 위에 찍히는 발자국
나를 바로 세우고
숨겨둔 상처마다 아픔을 삭여
호흡을 맞추며 버티는 동행

시골집 길모퉁이 돌아서면
귀밑머리 서리로 주름진 얼굴

해거름 붉은 노을로 물들어가는
서녘 하늘 지는 해 눈 부시다

내가 걷는 길 끝에는 늘 그대가 있다

노래하는 나비

꽃잎이 바람결에 나비 불러 모아
허공에 등을 대고 누굴 찾아 나서는지
얄팍한 가슴에 저마다 새긴 무늬
책장을 폈다 접었다
여린 생을 끌고 간다

바람은 밥이 꽃향기라는 걸
가벼움으로 물들이는 부챗살 얼룩
무릎 꿇고 싶은 날 그 날개 아래
엉킨 색실 풀어 이슬에 적시고
허수아비 어깨에 기대어 그늘을 말린다

새털구름 무지개다리에 앉아 손짓하고
몸 하나가 전 재산인 나비의 일탈
햇살과 바람 속을 거닐며 춤추고
잔디밭 꽃그늘 아래 전하는 안부

책장을 넘기며
날아간 한 생을 떠 올린다

꽃과 더불어 꿀과 이슬을 먹고 사는
짊어진 게 하나 없는 저 빈손 아지랑이
보기에도 눈부신 채색의 가벼움
온몸으로 노래하는 나비

눈동자에 반하다

등불 하나 가슴에 걸어두고
시간 속으로 날아든
별들 얘기를 머금은 달빛 그림자
절인 시간을 흔들며 긴 수면을 깨운다

솜털 구름 탄 천사가
방울 소리 울리며 왔다
하얀 얼굴 살며시 눈뜨면
천지가 꽃밭이다
살강 몸 흔들며 웃음꽃 피우면
맑은 눈빛에 그늘은 사라지고
집안 곳곳이 꽃물 드는 시간이다

무지개가 걸린 네 눈동자
손과 손을 마주 잡은 가지런한 몸짓에
나도 모르게 버팀목 하나 떠받치듯
꽃 광주리 테두리 동그랗게 보듬는다

더위 먹은 담쟁이

푸른 담벼락을 오르는 담쟁이
줄기에 힘을 모아 발을 돋우고
얄팍한 시간마다 손을 뻗어 붙들고
손에 감기는 열기는 부서지는 파도를 그린다

파도 끝에 머무는 바람
시들해진 푸른 잎을 달래어 보지만
애가 타 노랗게 물들이며 담 밖을 기웃
고개 숙인 담쟁이넝쿨 더위 먹는다

한 곳만 바라보며 달리다 이젠 지쳤다고
해바라기 목을 빼고 담벼락에 푸념을 바른다
옥수수밭 서걱거리는 햇살은 이빨을 드러내고
하늘에 파도를 그리는 손은 미끄럼을 탄다

올여름 양산 최고 날씨 39.3도
열대야에 가뭄까지 흙바람 불어
목이 타는 푸른 잎은 넝쿨을 감싸며
옥수수 그늘 하모니카 소리에 젖는다

눈을 감고

눈을 감은 채
앞서가는 나를 본다
길을 헤매지는 않는지
스스로와의 소통은 잘하고 있는지
엉켜있는 실타래를 풀고 있다

산 넘어간 희미한 발자국은
어둡지도 않고 밝지도 않은
포개지는 그림자를 데리고
흑백 사진처럼 묽어진다
오래 보지 못해 바래진 색이
시무룩해지는 저물녘
허공을 두드리는 소리가 밟혀
돌아보고 또 돌아본다

노을을 풀어 창문을 그리는 당신
지나온 길은 어떤 물소리가 났을까
처음으로 가던 길을
돌아가지 않으면 알지 못했을

그때는 몰랐던
포말처럼 부서져 나가는 상처
멀리서 보면 낯선 풍경일 뿐이다

눈을 감고
바람 불어 시원한 가을 햇살에
젖은 가슴을 말린다

능선 넘는 빈손

새벽녘 되어서야 나온 그믐달
해뜨기 전 동쪽 하늘에서 사라진다
주먹을 꽉 쥐고 나와 눈썹을 그리다
가뭇없이 사라져가는 붙이지 못한 연서
손 가득 움켜쥐고 있다
꽃잎이 햇살을 반기며 웃는다
새털같이 가벼운 어깨 위로
구름을 베고 누워 흐르는 푸른 물결 속
흰 손 흔들며 웃고 계시는 할머니
꽃신에 절로 물이 드는 무지개다리

초승달이 쉼 없이 굴려서 된 보름달
마음 비우고 손도 펼쳐 가벼워진 그믐달
구름이 능선을 타고 넘어가는 것은
한 세기를 살다 하늘에 닿기 위함이라
손에 담기 위해 발 빠르게 지샌 날들
시래기 묶어 싣고 떠나간 자리
곰삭은 군내 나는 묵은 흔적들
꽉 쥔 손 풀어 바람에 헹군다

도토리묵

뒷산 언덕배기에 줄지어 선 참나무
세찬 비바람에 얼마나 흔들렸을까
늦여름 태풍에 쓰러지고 넘어지며
잘 여문 보석을 토해 놓았다

큰 돌로 밑둥을 때리던 힘보다 더 센 바람
벌레 먹은 굴밤은 다람쥐 밥
온몸 드러내니 손이 먼저 간다
바람과 햇볕에 바짝 말린 도토리
찧고 빻아서 면 보자기가 미어지도록
치대고 거르기를 거듭해
물속에 가라앉혀 뼛속까지 우려낸다
기다리고 달래어 앙금이 되는 침묵

검고 떫은 물은 번갈아 버리고
중불에 주걱으로 둥글게 저어가며
부드럽고 탄력이 넘치는 속 깊은 맛
묵사발 한 그릇에 이웃들이 모여들어
상수리 굴참나무 치켜세운다

동네 한 바퀴

이슬은 풀벌레 합창에
젖은 눈을 말갛게 씻는다
능소화는 피어서 벌과 나비를 불려
푸른 하늘 파도치며 흘러가고 있다

햇살 안고 돌아가는 골목길
한적한 사잇길로 불어오는 넝쿨 바람
담벼락에 기대어 담쟁이 볼을 간지럽힌다
바람은 길 없는 숲에도 길을 내어
이웃이 사촌보다 더 가까이 지내는 동네

흙 속에 묻힌 발이 도회지 냄새를 삼키고
어깨 푸른 산을 사방에 펼쳐 놓는다
태어나고 자라서 여기저기 손때 묻은 조각들
굴절된 빛으로 오래전 골목의 흔적을 더듬어
눈길 가는 곳마다 심심하게 저며 오는 시간

길 가다 문득 뒤돌아보면
사라져가는 곳곳에 남은 시간의 얼룩들

그늘이 앉았던 자리에 햇살 채우고
구름에 편지를 쓰고 바람으로 부치면
해질녘 하늘이 붉게 물든다

돌길

채전밭 가는 길에
모난 돌을 모아 가지런히 눕혀보고
작은 돌을 끼워 흔들리지 않게 놓았더니
넓고 단단한 새길이 났다

큰 돌과 작은 돌 손잡고 앉았다
바람과 구름을 안고 내게로 와서
편안한 길이 되어준 돌들은 말이 없지만
한때는 논밭의 언덕에서
경계를 만들며 제 역할 했겠다

그 옛날, 할머니의 어머니가 밟았을 돌
한 시절 이야기들이 밖으로 나와
아무도 밟지 않은 길 위에서
바람이 소리로 전하는 말이 들린다

소나무 아래 작은 돌길 새들 소리에 귀를 씻는다
넓적한 돌에 앉아 하늘을 보니 구름이 흐른다
참 조용하다 바람 불어 기분 좋은 날

딸의 곰돌이

거실에 시간을 베고 누운 곰 인형
오래된 말을 넌지시 걸어온다
두 귀가 늘어진 채로 백내장 눈동자
색이 바래진 옷에 몸집도 여의었다

손등에서 햇살이 펄럭거린다
누군가에게는 집이 되는 어깨
초등학교 입학선물로 안겨준 곰
반갑고 기특하기도 해라

잦은 기침에 온기를 더하고
작은 가슴을 얼마나 품어 주었을까
몸을 추슬러 가며 아픔을 나눈
손때 묻은 채 시집 오면서 데려 왔네

바람 끝이 무디어지니 햇살이 두터워진다
아이 엄마가 된 딸
웃고 떠들고 아이와 뒹굴고 있다
곰을 바라보는데 딸 냄새가 난다

물속에 노을

노을 진 해변에서
파도 위에 편지를 쓴다
알 수 없는 물결 속
발끝으로 쓰는 파도
별을 부른다
황금빛으로 출렁인다

별빛이 보내는 암호
수평선 너머로 길을 내어
물밑에서 유영하는 심장
어두운 바닥에서 돌이 된다
돌이 된 편지 심연에 풀어놓고
깊이를 알 수 없는 회오리 바람
저 회오리는 어디에서 오는가

내 심장으로 가는 물길
붉은 꽃물이 바다를 적신다
발끝으로 쓴 편지가
돌이 되어 문을 연다

목화솜 이불

목화솜 이불에 엄마가 산다
마당에 멍석 깔아 네 귀퉁이 다잡아 꿰매어
시집올 때 따라온 이불 한 채
목화꽃 따던 손길과 살구꽃 복사꽃 꽃비와
먼 산 부엉이 울고 산자락 숲이 짙어갈 무렵
끝도 안 보이는 긴 이랑 비탈진 밭
그 풍경이 오롯이 들어 있다

희고 붉은 꽃 피면
푸르디 함초롬한 다래가 주렁주렁
냇가에 멱감던 아이들 몰려와
한 웅큼씩 따서 달아난다
뽀드득 깨물면 달짝지근한 맛

초가을 햇살에 콩잎 단풍 들고
다래가 영글어 터지면
하얀 솜털 꽃이 꽃 천지를 이루던
목화솜 이불 속에서 꾸는 꿈은
젖내 나는 어머니 가슴이다

말린 꽃잎

사람들은 숲에 들어
온갖 모음을 풀어 놓고 간다
한줄기 비에 헛기침하듯 지나가는 하루
풀잎 끝에 머물다 사라지는 이슬 같은 낱말들

꽃은 철없는 색깔로 와서
꽃핀 가지마다 그 푸른 향기로 둘레를 그리며
길 잃은 색깔들이 모여있는 꽃밭에
계절들이 서둘러 씨앗 속으로 들어간다

젖은 몸 낮춰가며 숨 가쁘게 달리다
서릿발 차가워 잠 못 들인 밤 수 없이 보내고
억새꽃 풀어놓은 달빛에 국화 향기 징하다
이 나이에 이르기까지는 감히 알지 못하는 것을

햇살을 공글려 쪽빛으로 물들인 하늘
바람이 머무는 동안 또 다른 길을 내고 있다
꽃은 마당귀 한쪽 시렁에 색실 풀어놓고
둥근 밥상보에 손길 누벼 박은 숨결 자국

가르마 같은 시간이 이제야 보인다

흑백 앨범 속 가지런히 색색으로 누운 꽃
마른 꽃잎이 활짝 웃고 있다

맞선 보던 날

뜬눈으로 밤을 보내고
십리 길을 걸어 도착한 읍내 역전 다방
침침한 불빛 아래 첫 대면
희끗한 머리의 두 어른은 흰 두루마기에 두 손이 단정하다
어색하게 넥타이를 맨 총각
긴 생머리에 화장기 없는 처녀가 마주 앉은 모습이
칠십 년대 드라마의 한 장면처럼 오버랩 되는 지금

그땐 그랬다
중매쟁이가 모든 역할을 했던 시절
애꿎은 커피잔만 만지작거리며
부끄러움에 서로 얼굴 마주하지 못하던 시간
맞선 한번으로 전화기 너머 목소리에 얼굴 붉히던

사주단자가 오고 가고
만난 지 한 달 만에 설렘도 없이
두려움으로 시작한 결혼생활
희생과 배려로 굴렁쇠처럼 굴려 가며 보냈던 시간

차방에 앉아 맞선 보던 날을 떠 올린다
따뜻한 찻잔 속에 긴 머리 소녀가 있고
지금의 내 남자가 있다
사랑이다

멀어져 가는 그림자

눈 뜨는 날이면
들꽃 향기로 오는 푸른 날이다
꽃송이로 떨어지는 아침 햇살
풀을 베고 누운 이슬이 말갛다

산골짜기 걷혀가는 안개 속으로
구름은 그림자를 지우고 낮게 스며든다
순간에 취해서 하는 말
다치거나 아프게는 하지 말자
어둠의 물결 위로 사위어가는 바람
낮은 곳으로 흐르는 어깨

사라져 가는 풍경에 잦아드는 고요
찢어질 듯 팽팽한 색실 풀어놓으니
무량하게 기대어 서 있는 그림자
푸른 날에 포개지는 풀피리 소리

멀어져 간다는 것은
제 그림자에 물들어 가는 일

가슴을 밟고 흐르는 구름
하고 싶어도 차마 못 한 말
바람으로 갈아 내고
울컥한 손바닥은 달빛이 마름질해 준다

못이 빠지다

식구들 모이는 명절날
아랫방 어른들은 기침 소리로 줄을 세운다
거실과 큰방 작은방 많이도 모였다
현관 밖까지 나간 신발은 제각각 서두르고
온종일 제사음식에 매끼 챙기는 큰집 며느리
제상에 올리는 음식이라 정성을 다하고
하나라도 빠짐없이 눈여겨보며
두루 챙기느라 종일 물에 손이 젖는다

시집오고 제사 모신지 마흔 세해
할머니 어머님 어른들 다 돌아가시고
두 세대가 흘러 젯군들도 줄었지만
사촌들과 이어진 정분은 변함이 없다
시누이들과 사촌 동서들 사이에서
명절 연휴는 가족끼리 지내자며 여행 가고
기제사로 조상을 모시는 추세라 하니
아흔 셋으로 재작년에 하늘에 가신 어머님
망설이는 내게 어떤 답을 주실까
'니가 편하면 된다'

밤바다

모래밭에 스민 숱한 발자국
네온 빛은 밤바다에 서간체 되어
땀 절은 도시를 구겨 넣는다

청바지 통기타 반주가
수평선 너머 해풍에 선율을 타고
비밀의 빛인 양
멀리서 깜박이는 등대

더위에 지쳐 철썩이며
끝없는 화려함 오색 빛은 출렁이는데
빛에 싸인 광안리 해안 끝
제 머리채 흔드는 파도는
해조음 이끌고 행진곡을 울리는
한여름 밤이 꿈을 꾸고 있다

봄날은 창밖에

햇살 붐비는 창가
홍매화 꽃눈 뜨고 봄 마중이다
닫힌 문고리 사이로 새어 나오는 하품
샛바람은 영등할미 심술인가

알몸으로 다가선 꽃샘
틈새를 비집고 언 땅이 몸을 풀고
버들강아지 솜털 웃음으로
물안개를 길어 올린다

앞산 뻐꾸기 산에 봄을 심는다
물기 젖은 나무들
움츠린 어깨 펴고
시린 손으로 봄을 캔다

봄비 내리는 날
장독을 줄지어 세우고
연둣빛으로 씻어 내리라

제 3 부

빨간 우체통

햇살 가득 꽃가루 뿌리던 날
가시덤불 속에서 눈꽃으로 핀
찔레꽃

언덕 위 한 무더기 향기로
해맑은 표정이 쌀밥으로 핀
소꿉친구들 웃음꽃

꽃핀 자리 하얀 안부
작은 손짓에 개구쟁이 꽃잎들
분분히 날아든 동무들 얼굴

꽃이 지고 기다리는 편지 담을
빨간 우체통 달아 둔다

불 밝히고

풍경을 지운 어둠에 반딧불이 모여드는 밤
누군가 들어 주기만 해도
한 시절을 함께 건넌 강이다

중학교 삼학년 봄에 전기가 들어왔다
점등식 강당에 모여든 사람들
켜지는 불빛에 손뼉을 치면서
기뻐했던 함성 잊을 수 없다

TV가 들어오고 전화기 너머로 안부를 물으며
읍내 친구들이 부럽지 않았다

학교에서 집에 오는 십리 길
서녘 하늘에 붉은 심장을 안고
들판에 펼쳐진 화폭 속을 걸었다

마을 전등불은 이울고 낮달이 졸고 있다
난분분 이름들이 명치끝에 걸린다
내 유년은 부족하지만 풍요로웠다

새장

새 한 마리 몸 안에 살고 있다
한 달이 넘도록 떠나지 않는 새가 운다

목젖 두드리며 나오는 기침
새소리에 밤잠을 설친다
모이와 물을 변함없이 주는데
그 울음 알아들을 수 없다
안에서 닫힌 문을 밖에서 열지 못하니

나를 넣어 기르는 장에
느닷없이 찾아온 새 한 마리
팔다리를 쪼아대는 부리
파닥거리다 다치고 깃털 가다듬는다
밖에서 잠근 문은 안에서 열지 못하니

이끌고 온 빛과 그림자 나를 넣어 가두는 둥지에
자신의 색을 지우며 스미는 일
몸 안에 새장이 있어
새 한 마리 솔숲에 날고 있다

새벽빛에 감긴 산책길

달빛 반주에
밤새워 노래하는 풀벌레
검은빛 음반에 온갖 세설을 담아 놓는다
입술 부르트게 바닥을 저미는 맑은 소리
몸 껍질을 벗겨 어둠은 이슬 속으로 들어가
주름살 펴면서 맞이하는 또 다른 시작

푸른 기운이 감도는 새벽
들판을 지나 강가를 걷다 보면
풀벌레 얘기 이슬이 둥글게 말아
거미줄에 말리고 있다
깜빡이등을 켠 자전거 행렬 줄지어가고
철길 위를 달리는 기차 바퀴가 어둠을 달고 간다

솜이불 덮고 잠자는 낙동강 물금 취수장
토곡산 풍차가 손 흔들며 단잠을 깨우니
새벽빛에 감기어 꽃을 피워 올리는 물안개
산자락마다 능선을 타고 펼쳐 보이는 수묵화

누군가의 부름에도 주저 없이 손 내밀어
밝은 햇살에 비켜서서 사라진다 해도
고개 숙인 이삭에 같이 수그리는 일
물로 피워낸 구름은 바람이 되고 꽃이 된다

색달 식당

소소한 일상을 접고 떠난 제주 뚜벅이 여행
오 남매의 반쪽들이 배낭을 메고 뭉쳤다
비양도 해안의 멋진 풍광에
보말죽으로 빈속을 채우고
시누이랑 올케로 얽혀 산 지 마흔세 해
보듬어가는 서로다
신창리 풍차는 뭉게구름에 치대 우리를 반죽하고
가없이 도는 둘레길에 말간 하늘이 정겹다

곶자왈 깊은 숲 이끼 낀 정글 속에서
오설록 차 한 잔에 우려내는 우애가 깊다
사려니숲길을 걷는데 발이 아프다는 시누이
마음에 전류가 흐르는지 같이 아프다

색달 식당 맛있는 색깔 맞춰가며 사는
오 남매를 위한 밥상에서 터지는 웃음소리

"언니야, 나는 음식이 색색으로 나오는 줄 알았다"

*색달 식당: 서귀포 중문에 있는 갈치요리 전문식당

석공

해질녘 노을을 뒤집어쓴
나란히 줄 선 석상이 제 모습에 취한다
바람을 가르는 망치 소리
평생 자신을 쪼고 다듬어
나와 마주 앉은 나
비로소 장엄하다

석상은 석공을 잊은 지 오래
표정 없이 깎고 새긴 통증
저 기막힌 소리 삼키지 못한 내력
구름과 바람은 날 더려 떠나라 하고

석상이 된 석공은
질편한 노을을 등에 지고
어둠에 자신의 이름을 새기고 있다

소나무 그늘

명절은
산모퉁이 돌아가는 꼬부랑길
그늘 깊은 골짜기를 지나다보면
지워지는 산그림자 따라
젖은 바람만 마주 앉는다

오랜 시간 먹고 남긴 그늘
깊은 상처 속 높은 하늘을 만나기 위해
누군가 손짓에 마음 먼저 향하는 집
밝은 해가 늘 비추었다

세뱃돈에 줄 서는 꼬맹이들 재롱
차례 후 산소 갔다 오는 길은 미끄럼틀
점심부터 숯불 피워 고기 파티
오랜만에 둥글게 모여 앉은 일가들
차려놓은 음식에 손이 바쁘니
보기만 해도 배가 부르다

지치고 힘들 때

언제나 기댈 수 있는 버팀목으로
서로를 보듬어가는 눈빛과 든든한 어깨
마당에 뛰노는 아이 발걸음마다 피어나는 햇살
소나무 그늘이 길게 일어선다

소꿉놀이

호롱불 하나에 별빛 담은 초가
아직은 귀신이 무서운 어둠 속
옛이야기에 밤 깊은 줄 몰랐던 시절

돌담으로 이어진 골목길 감나무 아래
하나둘 모여드는 소꿉친구들
작은 손들이 분주하다

소쿠리에 수북하게 담은 감꽃
무명실에 꿰어 목걸이 만들어
풀 향기 가득 품은 풀각시로
새신랑 맞이할 골목 안은 잔칫집이다

널따란 돌 위에 황토로 밥하고
사금파리 그릇에 꽃잎부침개 풀잎나물
꽃으로 만든 밥도 고봉으로 차려서
풀각시랑 꼬마신랑 맞절 올리며
마주 보고 웃음 짓던
나는 엄마 되고 너는 아빠가 되었던

소나무에 앉은 바람 노래

선산을 지키는 소나무
바람 부는 대로
휘청거리며 솔 향기를 뿌린다
산 아래 첫 집터 잡은 지 오래

주름진 손등이 돌고 돌아 발자국 패이거늘
태산 같던 여장부 몸져누우니
살림도 순간에 놓아버리고
양지바른 곳에 한 길을 묻었다

꽃보다 고운 미소 주신 그 노래
보릿고개 모진 풍상 막아서고
솔바람으로 살다 가신 박학선
새되어 높이 날으소서

강가에 피어오르는 물안개 속에도
뒷산 솔숲 송진 냄새에도
서리 젖은 낙엽을 밟으면서도 그 얼굴
굴뚝에 연기처럼 피어난다

한가한 소풍

시골집 마당은 소풍 장소
잔디밭 이슬 재롱에 나비 춤추고
꽃망울 터뜨리는 수줍은 미소에
손 흔드는 소나무 푸르게 웃는다

소반 밥상에 도다리쑥국
복사꽃 향기로운 두릅무침
담 너머 기웃거리는 이웃사촌도
두레 밥상에 앉는다

밥 한 그릇에 상추 한 소쿠리
나든 사람들의 소소한 인심
바람 불지 않아도 구름 몰려가고
나른한 오후가 평상에 눕는다

징검다리 건너 옛길을 돌아
한길을 굴곡지게 달려온
긴 터널을 빠져나온 여유다

텃밭에 소곤대는 푸성귀
까매진 얼굴에 손발이 거칠어도
풀밭에서 웃음이 샌다

수양버들 곁에서

강물에 뿌리내린 수양버들
주름진 옷 걸치고 물가를 지키고 섰다
거친 물굽이도 출렁 휘감으며 돌아가고
발치에 흐르는 물결 넌지시 바라보며
물속에 발 담그는 저 달
골고루 숨결을 나누어주고
그 밤을 다 걸어야 만나는 새벽
길게 누운 길들이 젖는다

가슴으로 식힌 노래를
아침마다 피워 올리는 물안개
골짜기마다 조용히 손 내밀어
한 폭 수묵화로 타고 내린다
황산강나루 줄 지어선 수양버들
달리는 자전거 바퀴에 강물을 걸어
옷자락 펄럭이며 바다로 간다
깨금발 조약돌도 따라 나선다

승강기에서

승강기 버튼을 꾹 누르자
사방이 꽉 막힌 작은 방문이 열린다
아래층에서 올라온 사람들
위층에서 내려온 사람들
가로 세로 기대어 선 얼굴 사이로
도회의 바람이 분다

아무것도 아닌 것이 아무 것에게로
돌아서거나 비켜서는 동안
가까이하고픈 마음이 팔랑거리다 쓰러지고
15층 17층 28층
닫혔던 문이 열렸다가 닫히는 동안
너도나도 당신도 허공으로 돌아가고
빈 승강기 정중앙엔
까치놀 붉은 버튼만 깜박인다

아침 풍경

먼동 트기 전에 싸리 빗자루 초롬초롬
마루 밑 축담 쓸어내리고
정지문 열어 큰 물통 나무 뚜껑 옆으로 재낀다
물지게에 지고 온 물 두 통을 부어도 반도 안 찬다
탱자나무 울타리 지나 대밭을 지나야 공동 새미가 있다
아궁이에 불 지피고 큰솥에는 삶은 보리쌀 위에 흰쌀 얹고
작은 솥에는 토란국이다
큰 가마솥에는 장떡 계란찜도 있다
굴뚝에는 밥하는 연기 뭉실뭉실 구름 되고
찬장 안 간고등어는 어른들 찬
부뚜막 달걀껍질은 꼬두밥 특별식
아궁이 잔불에 달걀 껍질 속에 쌀밥이 보글보글
넘어질세라 부지깽이 잡고 노릇노릇 익을 때까지 지키던
뒤 헛간 나무 밑에는 밀주가 숨 쉬고
장독간 옆에는 보리쌀 삶아 소쿠리에 걸려 있고
실겅 아래 구정물은 꿀꿀이 밥

설거지 끝내고 마루청 물걸레질
대빗자루로 앞마당 한번 쓸고 나면
책보따리 허리에 두르고 헐레벌떡
양철 필통 딸랑대며 십리 길 학교 간다

가끔 꿈속에서 만나는
나의 아침은
바빠서 슬프지 않다

누구도 모르는 사랑

이른 새벽 전화기 너머로
'야야 집에 한 번 들리거라'
당신 말만 하시고는 뚝 끊는

여름내 병원 신세를 지셨던 어머니
'병 간호에 고맙다 니가 고생이다'

구순의 연세에도 여자는 맘이 고와야 한다며
봉투에 마음 담아 슬쩍 건네던
'아무도 모른다
 이쁜 옷 사 입어라'

맵고 시린 바람 다 보내고
등 굽은 소나무 노을에 젖어
묵은 장아찌가 된 어머니

손과 손으로 흐르는 마당 넓은 집
방문 틈 사이로 코끝까지 찡해오는
아, 그 사랑

아침 산책

산책길에 풀밭에 잠든 이슬을 깨운다
잔디에 감기는 발이 은방울 소리를 내고
울타리 사이로 일어서는 박꽃이 하얗게 웃는다
바람은 꽃향기를 데리고 하늘을 날아간다

아침 햇살에 눈부시게 피어나는 종소리
밤사이 허공에 지은 거미집
구렁텅이에 깊이 박힌 그늘을
처마 끝까지 끌어올려 온통 구슬 밭이다

흙바람 일어 시간이 멈춘 풍경 위에
내 등을 쿡 찌르며 닿은 자리
검은 담장 너머 웅성대는 빗방울
바람결에도 곱게 무늬지는 가슴

꽃바람은 밤 한 톨 굴려 아침을 일으키고
숲속 새들 쉬어가라 합창하니
도토리 깨문 다람쥐 길을 내어준다
뒤편이 없다면 발자국도 없을 것이다

어둠에 빠지다

마른 바람에 기댈 곳 없는 낙엽
외진 자리 흙을 베고 누웠다
어둠에 길들면 보이지 않는 터널
밤이 울도록 달빛이 시리다

강물 속을 걷고 있는 구름
쪼그리고 지켜보는 엇갈린 그림자
놓친 게 많은 허둥거리는 눈길
빛바랜 색 도화지 상처가 남긴 지느러미
누군가의 어둠을 보기 전에는
젖어있는 그 동공을 알지 못한다
엷어지는 가슴에 출렁거리는 손짓
저물기 전에 불꽃을 피워야 한다

광장처럼 넓은 지하 수술실
녹색 천에 잘 싸매진 그 도구들
차가운 철판 위에 오른다
아직은 불빛이 몽롱하다
척추에 마취합니다 하나 둘…

비밀과외

글 모르는 세상이 애닮고 서러워
돋보기 부여잡고 비밀과외 한글 공부
시어머니 학생과 며느리 선생
숙제 검사 꼬박꼬박 열정 넘치는 착한 학생
보고도 읽지 못하는 까막눈이라
애통함을 한으로 살아오신 어머니

"텔레비전 나오는 글을 본께 눈물 나더라
 인자는 내가 딴 세상을 사는가 싶네
 며늘아 고맙데이
 우리 책거리 하제이
 우짜꼬 살째기 하제이"

열일곱에 맏며느리로 시집 와서 모신
긴 긴 세월 묵은지처럼 곰삭으신 어머니
이제는 한도 없다며
노인정에서 큰 소리로 글도 읽으시고
구순을 바라보면서
아지랑이 피는 봄날 기다리시는

어린나무

바람구멍 난 창가
초록빛 숨결로 꽃들은 피고
열매는 물 올려 맺히는데
나무는 모르는 사이 자란다

잔디밭 모퉁이에 태추단감 두 그루
큰 나무들 사이에 힘주어 서 있다
그저 보고 만지고 가꾸는
아이들 출생에 심은 나무

나무 사이 오가며
허공을 데우는 나비 날갯짓
어린나무 손바닥에 살랑거리더니
꽃밭에서 어깨 들썩이며 웃는다

수액을 밀어 올리는 힘
푸른 나무 아래 물빛 고운 가슴
절은 시간을 흔들며
발부리 돋워가며 키가 자란다

나뭇잎이 나무를 흔들어 깨우고
연한 잎새 햇빛으로 빚은 나이테
바람 불어도 흔들리지 않는 뿌리
틈새 벌어진 몸에 거름을 채우고 있다

언니 택배를 받다

서툰 글씨에 단정한 이름 테두리를 감은 테이프
큰 박스 무겁게 가득 담아 왔다

언니 뒷밭 긴 이랑에서 온 여름을 달군 곡식들이
종이상자 안에 빈틈없이 쌓였다
쌀자루에 끈으로 묶어진 들깨
비닐봉지에 이중으로 담은 참깨
가을 알곡 흰콩 검은콩 팥까지

칠 남매 맏이로 엄마 같은 언니
친척 말만 듣고 맞선도 보지 않고 가서
눈코입 가리고 살아온 시집살이
남은 여섯 동생 혼사에 누가 될까 봐
농사일에 억척을 달고
지금도 동생들 챙기느라 일손 놓지 않는다

가슴 따뜻해지는 그 이름 언니
내 이마를 짚어주는 뜨거운 손
풀어놓은 짐 속에 언니 냄새가 난다

제 *4* 부

언어를 찾다

숲에 모여든 소리꾼 깊은 잠을 떨치고
먼동에 기지개 켜며
쉰 목소리로 재잘거린다

한솥밥 먹으며 자란 저 파랑새
남겨진 먹이에 대한 부리로 생긴 틈새
전부 내 것이라 소리치는데 말문이 막혀
뒤척인 말들이 낯선 걸음에 길을 잃는다

지난 일에 잃어버린 그 눈빛이 되살아나고
동공이 풀어져 손발이 저리고 침침하다
다듬어진 상자도 모로 누우면
날이 서고 헝클어져 비수가 되거늘

가슴을 퍼내어 주어도 문 굳게 닫아
물기 없는 비틀린 몸을 바로 세우고
멀리 날아 외톨이가 되어버린 파랑새
숲을 노래하는 날갯짓에 귀 기울여
풀어줄 언어를 찾아 오솔길에 서 있다

오봉산 임경대

오봉산 능선으로 흘러 내린 산자락에
강물이 피워낸 물안개가 골짜기마다 보듬어
떨어내지 못한 설움 포근히 감싸 안았다

구름에 온통 휘감긴 꼬부랑길
물안개 두텁게 덮인 강
산봉우리로 기어오르는 안개구름

산모퉁이 돌고 돌아
낙동강 서쪽 절벽 위에 우뚝 선 정자
옛 선비 머물려 절경을 노래한 임경대

숲속 고요를 나뭇가지들이 흔들어 놓고
한반도 지형을 닮은 낙동강 한눈에 들어오고
햇살 끌어당기니 철길 위로 달리는 기차

댓잎 바람이 서편 하늘에 물감을 풀어
산도 강도 하늘도 온통 불 지핀다
태양을 삼킨 질펀한 노을 여울지는 꽃물

강물에 꽃이 피었다 황홀한 그림자
굽이굽이 물길 따라 휘어지는 마음

그 마음을 가끔은 풀어놓아야 한다는 것을

엄마

가슴으로 불러도 목이 메는 이름
들꽃처럼 소박하고
몽돌처럼 강인한
언제나 내편이 되어준 사람
눈물 나는 세상에 숨어 우는 그 세월
가시덤불 속에서도 꽃을 피우듯
품에 안고 등에 업고
뱃속으로 흐르는 사람
세상 고달파도 나는 괜찮다
자식 위해 온몸 다 바친 끝없는 사랑
먼 나라 그곳에서 새가 되어 훨훨
날아다니시기를

오솔길에 서다

단잠을 깨우는 박새 소리에 창을 열어
여름 새벽은 일찍 동트길 기다려
한낮을 식힐 채비를 한다

멀리만 바라보고 걷다 보니
노안에 철들어 가는지
가까운 곳 눈여겨 보고 챙기라고
얼굴에 걸어준 돋보기

안경을 고쳐 쓰고
눈도 귀도 고쳐 쓰고
희뿌연 안개 속이어도 구름 걷히면
숲은 긴 한숨으로 길을 내어 준다
잃어버린 시간을 채워줄 길 위에
동그란 사립문을 연다

울타리 안 푸른 풀꽃
자전거 바퀴랑 어울려 저녁 해가 짧다

운제산 오어사

운제산 기암절벽 아래
원효대사 삿갓이 유물로 보관된 불국사 말사
오어사 보물 동종은 무상을 설하고
오어지 맑은 물은 상선약수에 닿는다

원효대사 혜공선사
법력으로 되살아난 물고기 한 마리
내것 네것 다투어 본들
물길 따라 사라졌는데 무슨 분별 있으리

산과 저수지에 둘러싸인 오어사
용으로 승천하는 기원을 담은
원효교 출렁다리 사람들이 오고 가고
발소리에 모여드는 물고기와 오리떼

큰스님 염불 소리
골짜기마다 풍경을 매달아
연등 길 밝히고 자장암 원효암까지
짙은 물안개 능선 타고 오른다

사철 붐비는 오어지 둘레길
능수버들 풀피리 연주에
묵은 솔잎도 초록빛을 머금고
연보랏빛 진달래 해탈 중이다

유년의 보따리를 풀어 헤치고

"잘 있제, 니는 올 모임에 오나
 그래, 너거들 보러 가야지
 좀 있다가 보제이"

목소리에서 흙냄새가 난다
옻닭에 영계백숙 맛난 나물에 온갖 장아찌들
둥글게 차려낸 집밥으로
가슴 시린 엄마 손맛을 느끼며
두레 밥상 앞에서 풀어 헤친 보따리
소꿉놀이하다 찔레 꺾어 먹고
소먹이며 뒷동산에 뛰놀다 같이 멱 감던
목소리만 들어도 마음을 그릴 수 있는
비포장 길 고무신이 닳도록 걸었던 친구들

비가 장대같이 퍼붓는 날은
공부가 끝나기도 전에 하교할 수밖에 없었던
치마 동동 걷어 올려 줄지어 손잡고
흙탕물 위에서
그 손 놓으면 끝이라는 눈짓의 맹세

사선을 넘듯 도랑을 건넜던 추억 곱씹으며
남은 날까지 직선이 아닌 곡선의 삶을 강조하며
이순의 나이에도 천진스럽게 웃고 있는

이슬

이슬이 풀밭에 앉는다

밤사이 다녀간 풀벌레 이야기
영롱하게 빚어서
맑은 종소리 은은하게 퍼져 간다

끝내 다 못한 말 둥글게 말아서
풀잎 속에
얼굴 붉히며 수를 놓는다

꽃잎에 보석으로 박힌 고운 눈동자
외줄에 춤추는 곡예사처럼
방울 소리 내며 달린다

잎이 지고 나면

끝과 처음을 이어주는 낙엽은 끝이 아닌 시작
꽃을 버린 후에야 열매를 맺고
저들끼리 낮은 목소리로 부질없는 약속을 중얼거린다

하늘빛을 버무린 저 고운 빛깔
잎을 바라보며 시들어가는 내면과 마주하는 순간
어떤 몸짓들이 정리되는 모습
낙엽은 울고 싶을 때 울고 있다

저 생각에 잠긴 빛깔들 쓰고 싶은 걸 다 쓰다가 지우는 일
너도나도 익어가며 둥근 화석이 된다
잎맥을 따라 그려진 낙서가 붉은 종소리로 흩어진다

마당에 달집 태우면 하늘엔 둥근달이 뜬다
귀뚜라미 눈물방울이 익어가는 소리
가을을 베고 누운 잎사귀마다 바래진 푸른 파편들
낡은 옷자락에 가슴 적시며 혼자 물든다
잎이 지는 건 자신을 지우며 서로의 속으로 스미는 일

잠자는 그릇

시집오면서 챙겨온 그릇
이사할 때마다 새로 산 그릇들
큰일 작은 일 치룰 때마다 소중하고
찬장에 갇혀 있다

참새방앗간에 드나들며
두레 밥상에 앉은 식구들
조잘대던 숟가락 걸쳐두고
다 어디로 갔는지

할머니 게장 독도 사라지고
막걸리 삭이던 식초 항아리도
시큼 달달하던 시금장 맛
오롯이 풍경으로 남은 부뚜막

좁은 거실에 서른명 식구들이 모여
집에서 동서 아이 돌잔치 치룬날
그릇이 빛을 발하며 제 구실 했는데
그 조카 결혼해서 잘살고 있으니

숨만 쉬고 찬장에 갇혀있는 그릇
식구들 밥상에 둥글게 모여 앉아
숟가락으로 밥심을 퍼 올리며
그릇에서 피는 아지랑이 보고싶다

장독대

우물가 옆 앵두나무 지나서
못생긴 장독들
어머니 보물창고다

손 때 묻은 된장독
붉은 심장을 안고 있는 고추장 독
봄바람 머금은 장아찌 독
맛내기 게장 독
참깨 들깨 수수 팥 잡곡이 아우성치는 독
겨울나기 김장독
심심하고 허기질 때 여는 홍시 담긴 독
퍼주기 좋은 간장독 안에는 조롱박 바가지가 떠 있다

햇살 좋은 날 고르고 골라
새끼줄 두르고 고추 숯 달고
햇살이 주는 푸근함 바람이 전해 주는 말
빗방울이 두드리는 소식
소복이 쌓이는 눈의 속삭임을
긴 기다림으로 키운 자식들이다

돌담길 따라 사립문을 들어서면
텅 빈 장독이 된
어머니 가슴 속으로 떨어지는 눈물 몇 방울
내게 남은 선물이다

징검다리 건너며

산골짜기를 지나 들판을 흐르는 실개천
개울물은 오래전 물결에 지금 풍경을 담아
금 긋지 않고 등을 내주어
햇살 구르는 강물이 되고
어쩌지 못하는 순간을 보내고선
꿈꾸는 바다에 이른다

징검다리는 이쪽과 저쪽을 이어
길을 터주니 다리가 된다
물과 돌이 만나 가는 길이 달라도
서로 가슴 한번 안아주고 떠나자

징검돌 앞에서 조약돌 조잘대는 소리에
아이들이 뛰어올라 돌다리를 건넌다
팔랑대며 바짓단을 적시는 소녀들 밝은 웃음소리
발을 헛디뎌 물에 빠질 수도 있는데
의지해준 그 유년 시절 잡은 손이 따스하다

햇살에 빤짝이며 물속에서 일렁이는 노래 소리

틈새가 있어야 물살도 숨을 쉰다
사람과 사람 사이에 물길을 터주는 바람
편편한 돌에 앉아 흐르는 물에 부치는 유년들
물을 건너기 위해 긴 밤을 곧추 세기도 한다

책을 덮고

귀에 걸어준 돋보기
두 팔 뻗어 책에 얹혀
바람이 건네준 무심한 솔향기
끝내 말 못한 행간 사이 시간들
저 햇살 짊어진 새가 난다

아장대며 책을 가져와 찡긋
말없이 빤히 쳐다보고 있으니
주춤거리다 안경을 들고 와서는
서툰 말귀로 온몸에 눈빛이 초롱하다
세 살배기 재롱에 목청 돋우고

책을 펴고 눈여겨보니
먼 길도 가까이 다가오고
좁은 길도 마냥 좁다랗게 이어지지 않음을
걷고 싶은 내 길을 터서 빛을 키우는 일이다

끝내 열리지 않는 창가를 서성거리다
또 해가 서산을 넘어가고

저문다는 것은 어둠이 문을 여는 시간
내가 나를 못 만나 이런지
나를 찾아 행간을 나서며 책을 덮는다

절정에서

달빛이 내려앉아 목덜미 적시는 날에
풀꽃 속삭임에 귀를 열고
손목에 힘을 풀어 다독여 준다
고르지 못한 자갈길은
어디로 발을 놓아야 할지 몰라
넓적한 돌을 골라 만든 징검다리
흐르는 대로 물길 펴주고 나니
굽이쳐도 제 노래로 흐른다
달빛 젖은 실오라기 하나 둘
바람으로 맴돌다 물들이고
어렵게 익어가는 과육에
씨앗을 안기고 가는 햇살
오솔길 나서니 숲길이 환이 보이고
뒤쳐진 손가락도 같이 챙기고
내리막길도 그러겠지 하고는
힘든 오르막길 끝에 이르려
하늘 한번 바라보는가 싶다

장미꽃 한 송이

담장에 고개 내민 미녀 바람
이른 잠에 뒤척이는 이슬 물고
햇살 입맞춤에 빨개진 얼굴로
하늘거리며 춤춘다

오월 눈동자
장미꽃 한 송이 건네받고
꽃잎에 물들이며
새소리 바람 소리 귀 기울인다

흔들리며 달구어진 가슴
그 향기에 취해 연지 곤지 찍어
가시 방에 겹겹이 모아둔 눈물
붉게 짓이겨 오르는 불꽃

울타리 담장 업고
옷깃 여미는 꽃송이
내 안에 가득 안겨주는 미인 바람
향기에 채워지는 그리움

탱자나무 울타리

탱자나무 울타리 아래
푸르스름한 새벽이 열리는 장독간
정화수 떠 놓고 손 모아 정성 드리는
고운 한복에 흰 고무신 엄마 등이 시리다

뒤척인 어둠이 굴뚝 연기에 밀려나고
뒤안 대밭엔 닭들이 무리 지어 운다
대청마루 밑에 엎드린 삽살개
밤새 신발을 물어가서 혼이 났다

담벼락으로 둘려 쳐진 억센 파수꾼
가시덤불 속에 순백으로 피어난 꽃
오월의 신부처럼 화사하고 공손하다
입안에 신물 터지는 황금 열매

탱자나무 울타리 위에
빛바랜 빨래가 길게 누웠다
가시로 얼기설기 얽힌 그물망 사이로
기웃거리는 굴뚝새가 곡예사

푸른 줄기 가시밭이 평화로운 놀이터

울타리 안 그 집에는
엄마가 살고 있다

친정 나들이

산길을 걸어서 땅거미에 발자국 묻히며
불러도 돌아보지 않는 산 그림자
지친 걸음으로 돌아올 것이다

그림자 이어지는 텅 빈 운동장
별까지 가기 위해 지쳐 쓰러지고
어두운 골목을 돌고 돌아
아무 때나 닿아도 내력을 묻지 않는
나뭇잎을 만나 눅눅해지는 손바닥

물들어가는 바람에 등을 기대는 세 자매
별일 없냐고 묻는 전화기도 목이 멘다
움켜쥔 들판을 베어내 탈곡하고
늘그막에 친정에서 꽃불을 지피는 귀가
마을 앞 정자나무에 두루마리 편지 띄운다

달빛도 영글어 가는 상강 무렵
우물 속 두레박으로 허기를 퍼내어
개다리소반에 홍시를 얹힌다

물금 광산*

물금과 원동을 가르는 광산 고갯마루
그 고개 넘어서면 보릿고개 넘겨주던
삶의 애환을 켜켜이 묻어둔 물금 광산이 있다
흔적만 남은 철광석을 캐내던 그 자리

채굴하던 억센 힘 거친 숨소리
그 세월 갱도 속에 갇혔다
낮에는 농사일 밤에는 탄광 일로
논밭 사고 자식 공부시키고

우리들 젖줄이었던 그곳
몸속 혈관처럼 뻗어있는 갱도
드러내지 않아 침묵이 되는
흘러간 사람은 말이 없다

*물금 광산:양산 원동면 화제리에 태흥광업소가 있었다. 1980년대 폐광되어 지금은 그 자리에 레미콘 공장이 들어섰다.

학동에 가다

거제도 학동에 가면 너와 함께 섬이 된다
파도가 곱게 빗은 몽돌
자그락거리는 연주에 귀를 건다

햇살에 부서지는 푸른 물결
빨래판 위로 줄지어 눕는 파도
날마다 거품을 무는 그녀는
치맛자락 끌리는 소리에 눈을 씻는다

바람이 함께 빗은 조약돌
구름을 안고 젖은 몸을 바닥에 눕힌다
매끈하고 납작한 너로 물수제비 뜨면
물무늬로 흐르는 시간에 주름진 날들
눈물 마른자리 둥글게 닳아지는 모서리
돌을 베고 누워 하늘을 닮아가는 몽돌

그 섬에 가면 서로 가슴 쳐 내리는
기도 소리에 손을 다잡는다
몽돌은 가부좌 튼 수도승이다

할미꽃

뒷동산 무덤가에 핀 꼬부랑 할미꽃
봄바람에 마실 나와
비단옷 입고 종소리 울린다

시린 겨울이 두고 간 서리 입은 할미꽃
고개 숙인 세월 속 토해내는 긴 한숨
흰머리 풀어 은은하게 날아오르는
할머니 넋이 무덤가에 피었다

해인사 소리길

겁을 거슬러 흐르는 가야천
홍류동 물소리에
수그린 저 겸손한 얼굴들
몽돌이 되어가는 중이다

건널 수 없는 절벽
한쪽으로 등 굽은 바람
햇살 앉은 각사교 건너서
농산정 정자에 쉬어 간다

하늘길 바람을 머리에 이고
송림 숲에서 만나는 풍경소리에
순간 멈춰버린 파란 멀미
모두가 구름 속 수도승이다

바위를 휘감아 도는 물길 따라
모 부서지고 깨지며 침묵하는 몽돌
소리 없이 흐르는 해탈 길
길상암에서 고개 숙여 합장이다

가야산 깊은 골짜기 소리길
청아한 물소리에 지저귀는 새소리
팔만대장경 살아 숨 쉬고
정중탑 주위에 매달린 연등
긴 그림자 행렬이다

혼자 웃다

거울 앞에서 슬며시 웃는다
여느 날은 그늘이 많다

눈뜨면 새소리에 귀 기울이고
풀밭에 내려앉은 이슬
새롭게 핀 꽃들과 눈인사
혼자 웃으며 논다

발을 헛디뎌 다친 날
보이지 않는 먼 풍경이
오롯이 한 눈에 들어온다

밀 보리 익는 소리에
장미넝쿨 담을 넘어 유혹하고
모내기 논에서 서성거리는 백로
긴 다리로 모 포기를 세고 있다

산등성이를 타고 내리는 뻐꾸기소리
까치집에 터 잡은 파랑새 높이 날아 지저귀고

바람 따라 웃고 있는 접시꽃
강물을 제치고 달리는 기차

헐겁게 살아가는 작은 숨소리
비우고 보니 채워지는 웃음보따리
슬며시 혼자 웃는다

황토방

아궁이에 불 지피면
가마솥에 김 오르고
구들장에 온기 퍼지면
아랫목 윗목이 없는
황토로 다진 방바닥

편백으로 사방 둘러
문풍지 바람은 이중 삼중창이 밀어내고

이불 뒤척이는 소리에
호롱불 춤추던 시절 그 옛날
댓잎 그림자 진 아랫목이
문득 그리운

핸드폰을 끄고

끝없이 말을 걸어와 눈이 아프다
힘든 문제 풀어주는 해결사
달리는 지하철 안에 길게 목을 빼고
무식을 깨우는 중

그 남자 손에는 폰이 없다
걸려온 신호는 드르륵 드르륵
서둘다 쉬어 가는 숨소리
무선에 시달린 시끄러운 좀비

남미 여행 중에 날아온 사진
영국 사는 친구 카톡 안부
화상통화를 꾸려주는 보이스톡
지구 소식을 한눈에 안다

핸드폰을 끄고 잠들었다
가끔은 무소식이 희소식

□ 해설

현존재 인식의 뿌리

강영환(시인)

　시인은 자신의 시에 무엇을 담는가? 시인은 스스로에게 묻는다. 나는 무엇 때문에 시를 쓰는가? 그 물음은 사람은 왜 사는가?와 같은 물음이다. 시인이 자신의 시에 담는 것은 자신의 서사만이 아니라 인류 공통의 서사를 담아내려 한다. 시인이 작품에 담아내는 서사는 어떤 것이냐의 답은 시인마다 다를 수밖에 없다. 시에는 정답이 없다. 시인마다 가진 체험이 다르고 지식이 다르고 표현하는 방법이 다르기 때문이다. 그러나 대체로 공유하는 부분이 있다. 그것은 담아야할 내용으로서 존재의 인식에 관한 것들이다. 시를 탐구하면 할수록 그 물음의 끝에는 실존의 문제와 부딪히게 된다. 자신의 실존뿐이 아니다. 시인이 대상으로 삼는 모든 물체나 사연들에 대한 인용도 결국 실존에 접근하려는 시인의 사유나 태도임을 읽을 수 있게 된다. 그러기에 시를 대하는 독자들의 태도 또한 실존의 문제로 시를 대하면 시를 이해하는데 크게 어려울 것이 없을 것이다.
　시인은 자신의 시에 담는 것은 결국 시인 자신의 실존이다. 자신의 현존재를 담아내는 일로 시를 쓴다. 그 현존재는 과거, 현재, 미래라는 삼세 공간에 펼쳐진 인과들이나 인연으로 만나는 일들을 담는다. 잘 알려진 인식론적 시론에 따르면 시는 정서와 상상을 통하여 사물의 본질을 포착하는 문학의 한 형태인 것이다. 그래서 가스통 바슐라르도 '시인의 관심은 존재에 있으며 그것을 의미화하기에 앞서 실재를 노래한다'고 밝히고 있다. 시는 언어로 만든 존재의 집이다. 시인의 언어를 들여다보면 시인이 찾고자하는 존재의 실체가 쉽게 모습을 드러낸다. 안춘자 시인이 작품의 제목으로 차용한 언어 몇 개를 들추어 보면 '가을날, 가을 들판에서, 감꽃 필 때, 감자, 강 건너는 안개, 검정 고무신, 겨울 해변, 고라니가 살고 있다, 골목, 꼴망태, 꽃은 거울이다, 노을 앞에서 내가 걷는 길, 노래하는 나비, 더위 먹은 담쟁이, 도토리묵, 돌길, 말린 꽃잎' 등 서정적인 풍경을 간직한 낱말 들로 이루어져 있다. 이런 언어들이 시인의 일상 속에서 시인의 의식구조를 지배하는 실체들이다.

  우리 삶은 일상의 연속이 만든 서사다. 순간순간의 모습들이 거듭 이어지면서 개인의 서사를 이룬다. 사물들을 만나고 사람들과 어울리면서 삶이라는 서사구조를 엮어 나간다. 아침에 넥타이를 매고 집을 나와 스쳐 지나가는 동네 사람들에게 목례를 나누며 인사하고 버스 정류장에서 버스를 기다린다. 목적지가 다른 숱한 버스들을 흘려보낸 뒤 자신이 가는 방향과 맞아 떨어지는 번호를 붙인 버스에 오른다. 빈자리가 있는지 두리번거린다. 자리가 없음을 인식하고 서 있기 편안한 자리를 골라 버스 손잡이를 잡고 선다. 다른 사람과 몸이 부딪히지 않도록 세심하게 배려를 하면서 버스가 흔드는 대로 몸을 흔들며 직장으로 간다. 이렇게 출근하는 잠깐의 모습에도 서사가 존재한다. 그 서사의 이면인 심리적 세계에서는 또 얼마나 많은 생각들이 흐르고 있을 것인가. 이는 인간이 각자가 만들고 소유하는 서사다. 사람과 사람이 만나는 일은 서사와 서사가 만나 만드는 거대하고 웅장한 세계이며 인류의 역사이다. 인간은 각자가 이런 역사를 만들며 자신의 존재를 영위해 간다. 그것은 시인에게도 다를 바 없이 내재하는 서사다.

  안춘자 시인의 서사는 전원에 근거를 둔다. 아침 일찍 산책을 나서며 일과를 시작하는 시인은 유년기에 보냈던 전원의 정서를 사유한다. 현실에서 만나는 풍경들도 유년기의 모습을 끌어안고 이를 작품 속에다 채색해 넣는다. 산책길에 숱하게 만나게 되는 풀들을 보면 키우는 소가 먹을 양식인 풀을 베어 오기 위해 '꼴망태'를 메고 방과 후에 들로 산으로 다니던 어릴 때의 모습이 찾아온다. 이런 모습은 시인에게는 일상적이다. 친구를 만나 웃고 떠들던 일상에서도 소꿉놀이하던 때의 기억이 찾아온다. 이렇듯 시인이 만나는 시적 소재는 전원에 있으며 그것을 형상화하는데 인식의 근거로 작용한다. 일상 속에서도 시인의 의식을 지배하는 정서의 뿌리는 과거에 만났던 전원 속 유년기임을 보여준다.

  안춘자 시인 작품들은 인식의 출발점을 과거 공간으로 잡는다. 과거는 자신을 쉽게 들여다볼 수 있는 시간이고 그 시간들은 기억 속에 가장 오래 선명하게 남아 있어 충분히 발효가 된 시간들이기에 객관적으로 드러내기가 쉽기 때문이다. 안춘자 시인이 드러내는 공간은 가까운 과거이기보다는 먼 과거에 속한다. 정서적 감각의 형성에 가장 깊은 영향력이 있는 유년기이다. 대부분의 사람들이 잊히지 않는 어린 시절의 기억을 시인도 가장 많이 기억한다. 이 시집에서는 시인의 어린 시절 고향 마을과 그곳에서 펼쳐졌던 어린 추억들이 존재의 집을 짓고 기다린다. 지나간 추억들은 모두 아름답듯이 안춘자 시인이 되살리는 고향 마을에서의 어린 기억들은 모두 아름답게 묘사되거나 진술된다.

  바람이 혼자서 논다
  햇살은 고추잠자리 떼를
  붉게 풀어놓고
  뭉게구름을 쏘아 올린다
  산과 들 논밭에서
  서성이며 줄달음치며
  가을은 그렇게
  바람으로 익어 간다

―「가을날」 전문

 짧은 이 작품 속에는 유년기에 만났던 전원의 여러 공간들이 아름답게 묘사되어 있다. 이는 시인이 오랫동안 기억하고 있는 의식 속 공간이다. 바람이 혼자 노는 것을 바라볼 수 있는 공간이다. 그리고 고추잠자리를 붉게 풀어 놓은 햇살을 만날 수 있으며 또한 햇살은 뭉게구름을 쏘아 올리는 햇살이다. 시적 화자는 산과 들, 논밭에서 서성거리기도 하고 줄달음치며 놀 수 있는 가을의 공간이다. 이는 표현하지는 않았지만 벼가 익어가는 황금 들녘을 가지고 있다. 곧 이은 작품 「가을 들판에서」에서도 그런 기억의 연장선 위에 서있다. 어릴 때 뛰어놀던 들녘은 상상만으로도 즐겁고 행복한 마음을 느끼게 한다. 안춘자 시인이 시를 대하는 태도는 어린 시절의 아름다운 추억들에서 출발한다. 「감자」나 「검정 고무신」 같은 작품에서도 유년기의 기억들이 살아 있다. 이처럼 지나간 것들은 모두 아름답게만 느껴진다. 아프고 힘든 일들이라 하여도 세월에 바래고 물결에 휩쓸려 떠내려가다 보면 모서리는 닳고 날카로운 것들은 꺾여 둥근 형태만 어렴풋이 남는다. 그것이 기억 속에 남은 모습이다. 그러기에 들여다보면 아름답고 나를 이루는 소중한 원소들로 보이는 것이다. 안춘자 시인이 획득하고자하는 존재의 출발점은 어머니이며 가족이다. 그 뒤에는 고향 집이며 마을로 대표되는 공간에 내재한다.

호롱불 하나에 별빛 담은 초가
아직은 귀신이 무서운 어둠 속
옛이야기에 밤 깊은 줄 몰랐던 시절

돌담으로 이어진 골목길 감나무 아래
하나둘 모여드는 소꿉친구들
작은 손들이 분주하다

소쿠리에 수북하게 담은 감꽃
무명실에 꿰어 목걸이 만들어
풀 향기 가득 품은 풀각시로
새신랑 맞이할 골목 안은 잔칫집이다

널따란 돌 위에 황토로 밥하고
사금파리 그릇에 꽃잎 부침개 풀잎나물
꽃으로 만든 밥도 고봉으로 차려서
풀각시랑 꼬마신랑 맞절 올리며

마주 보고 웃음 짓던
　　나는 엄마 되고 너는 아빠가 되었던

―「소꿉놀이」 전문

　위 시는 누구에게나 쉽게 공감을 줄 수 있는 소재다. 그것은 비슷한 경험을 독자들도 갖고 있기 때문이다. 경험의 특수성보다는 보편성에 더 가치를 두고자 하는 안춘자 시인의 선택인 것이다. 어릴 적 누렸던 전원생활이 아름다운 추억으로 남아 문득문득 그리워진다. 고향 마을에서 뛰놀던 기억들, 동무들과 함께 어울렸던 모습들이 펼쳐져 있다. 독자들도 자라면서 어릴 때 소꿉놀이를 해보지 않은 사람은 없을 것이다. 특히나 여자라면 사금파리 조각으로 살림살이를 차려놓고 풀잎을 따서 나물 무쳐 상을 차려놓고 맛있게 나눠 먹던 어린 시절을 지니고들 있다. 이런 소꿉놀이에는 한 동무를 남자로 만들어 신랑으로 만들어 놓고 알콩달콩 사는 어른들의 생활을 모방해 가면서 앞으로의 삶을 재현해 살림을 살아보는 것이다. 위 작품은 그때 어린 시절 놀이로 했던 소꿉 살림살이를 적나라하게 그려내고 있다. 호롱불을 켜던 때라는 시간적 공간이 설정되고 그 공간에 초가가 있는 정서적 공간이 설정된다. 그 공간에다 아직도 귀신 이야기에 두렵기만 했던 어린 나이의 모습을 담아낸다. 그 공간은 돌담으로 이어진 골목길 감나무 아래 모여든 친구들과 함께 펼치는 소꿉놀이, 소꿉놀이의 중심은 어머니 역할을 하는 아이가 된다. 그 아이가 중심이 되어 동무가 신랑으로 지명되고 동무가 아이가 되는 역할들이 주어진다. 아니면 이웃집으로 나란히 딴 살림이 세워져 하나의 공동체 마을을 꾸리기도 한다. 감나무 아래에는 감꽃이 떨어져 소꿉놀이의 재료로 이용되기도 한다. 감꽃은 호롱불 켜던 시대 아이들에게는 간식으로 이용되기도 하는 먹을 수 있는 꽃이다. 그 감꽃을 주워 사금파리 그릇에 담아 밥상을 차려놓고 일하러 나간 남편을 기다린다. 그때 티 없이 맑고 순수한 생의 모습을 연출했던 때가 가장 아름다웠다고 말할 수 있는 시간이다. 그것을 연출하는 일은 어머니 역을 맡은 아이가 스토리를 끌고 나간다. 동화의 중심축은 늘 어머니가 만들고 있다.

> 가슴으로 불러도 목이 메는 이름
> 들꽃처럼 소박하고
> 몽돌처럼 강인한
> 언제나 내 편이 되어준 사람
> 눈물 나는 세상에 숨어 우는 그 세월
> 가시덤불 속에서도 꽃을 피우듯
> 품에 안고 등에 업고
> 뱃속으로 흐르는 사람
> 세상 고달파도 나는 괜찮다
> 자식 위해 온몸 다 바친 끝없는 사랑
> 먼 나라 그곳에서 새가 되어 훨훨
> 날아다니시기를

―「엄마」 전문

안춘자 시인을 지배하는 의식은 유년기를 보냈던 고향 마을

이라는 공간이다. 자아가 생성되고 사회의식이 싹 터서 자리 잡은 시간들이 그곳에 있다. 나의 존재를 생각하면 가장 먼저 떠오르는 공간이다. 어린 시절을 떠올리는 그 중심에는 어머니가 존재한다. 소꿉놀이에서도 스토리의 중심에 어머니의 모습을 한 자신을 두었듯이 과거 기억의 한 가운데에는 늘 어머니가 있다. 그때 내게 어머니는 내 편이 되어준 들꽃처럼 소박한 어머니였다. 그리고 눈물 나는 세상에서 숨어 우는 어머니 모습이었다. 그 어머니는 자식을 위해 한 몸을 평생을 다해 바친 사랑으로 기억된다. 화자는 그 어머니를 추모한다. 새가 되어 굴레 없이 날아다니기를 축원한다.

어린 시절의 기억이 가져다주는 생의 아름다움은 다른 것들과는 비교도 할 수 없는 아우라를 지니고 내 삶을 지배하게 된다.

이른 새벽 전화기 너머로
'야야 집에 한 번 들리거라'
당신 말만 하시고는 뚝 끊는
여름내 병원 신세를 지셨던 어머니
'병 간호에 고맙다 니가 고생이다'

구순의 연세에도 여자는 맘이 고와야 한다며
봉투에 마음 담아 슬쩍 건네던
'아무도 모른다
이쁜 옷 사 입어라'

맵고 시린 바람 다 보내고

등 굽은 소나무 노을에 젖어
묵은 장아찌가 된 어머니

손과 손으로 흐르는 마당 넓은 집
방문 틈 사이로 코끝까지 찡해오는
아, 그 사랑

―「누구도 모르는 사랑」 전문

  안춘자 시인은 오랜 기간 노모를 모시고 살아왔다. 위 시는 노모의 병수발을 들면서 노모에게서 받은 은밀한 사랑 이야기를 담아낸 따뜻하고 아름다운 서정시다.

  어느 날 어머니가 새벽에 전화기로 '집에 한 번 들렀다 가라'고 부른다. 어머니는 당신 말 만하고 전화를 뚝 끊어버리는 무뚝뚝하신 분이다. 여름내 병원 신세를 지신 당신을 간호한 며느리에게 고맙다면서 건넨 봉투 하나, 구순의 연세에도 여자는 맘이 고와야 한다며 그 마음을 담은 아무도 모르게 전해주는 봉투 하나, 용도는 이쁜 옷 사 입으라는 금일봉이다. 무뚝뚝하기 그지없는 어머니가 내민 사랑 하나, 맵고 시린 바람과 맞서며 험한 풍파를 거쳐 온 노모는 등 굽은 소나무 모습이며 마음 씁쓸이는 묵은 장아찌 맛이다. 그런 어머니가 손에서 손끝으로 전해져 오는 코끝까지 찡하게 전해지는 아무도 모르는 그 사랑이 마당 넓은 집에 흐른다. 이 작품에는 구순의 시어머니와 병간호를 불평 없이 해온 며느리 사이에 흐르는 사랑이 그려져 있다. 친정어머니로부터 받은 사랑이 시어머니에게로 흐르고 있음을 본다. 친정어머니에게 받은 사랑을 그에 대한 고마움을 시어머니에게 돌려주고 그 정성으로 보살핌이 사랑으로 시어머니에게서 돌려받고 있는 모습이다.

  추억 속의 공간이 아름답다면 현실 공간은 도피하고 싶은 공간이다. 유년기의 공간 속에서 자유롭게 날아다니던 새처럼 날아가고 싶은 갈증을 품고 산다. 벗어나고 싶은 새가 내 안에 살고 있다는 전제가 바로 그런 욕구를 보여 준다할 것이다. 이 새는 자신이 꿈꾸는 새일 것이다.

  새 한 마리 몸 안에 살고 있다
  한 달이 넘도록 떠나지 않는 새가 운다

  목젖 두드리며 나오는 기침
  새소리에 밤잠을 설친다
  모이와 물을 변함없이 주는데
  그 울음 알아들을 수 없다
  안에서 닫힌 문을 밖에서 열지 못하니

  나를 넣어 기르는 장에
  느닷없이 찾아온 새 한 마리
  팔다리를 쪼아대는 부리
  파닥거리다 다치고 깃털 가다듬는다
  밖에서 잠근 문은 안에서 열지 못하니
  나를 넣어 가두는 둥지에
  이끌고 온 빛과 그림자
  자신의 색을 지우며 스미는 일
  몸 안에 새장이 있어

새 한 마리 솔숲에 날고 있다

—「새장」 전문

내 몸 안에 새 한 마리가 살고 있다는 설정은 아픔을 표현하는 것같다. 독감이나 다른 편도선염 같은 것을 새가 살고 있다는 것으로 은근히 내비친다. 그 새는 밖으로 울음소리를 낸다. 그 울음소리는 기침소리로 나타난다. 물과 모이를 변함없이 주는데도 울음소리를 알아챌 수가 없다. 새는 안으로 문을 걸어 잠그고 있어 밖에서는 열 수가 없다. 나를 넣고 기르는 새장 속에 느닷없이 찾아 들어 살고 있는 새, 그 새와 동거하고 있을 때 새는 나의 팔다리를 쪼아댄다. 파닥거리다 다치기도 하고 깃털을 가다듬기도 한다. 밖에서 잠근 문은 안에서는 열 수가 없다. 그 새장은 나를 넣고 가두는 둥지다. 나를 넣고 가두는 둥지에 오면 그 새는 나를 아프게 하는 병이 아니라 내가 추구하는 또 다른 세계로 드러난다. 그곳에 다른 새 한 마리가 빛과 그늘을 이끌고 자신의 색을 지우고 스며드는 새는 어쩌면 시인이 쓰고 있는 시의 세계일 수도 있다. 쓰여지지 않는 시는 한 마리 새가 되어 나의 몸을 안에서 쪼아댄다. 그런 상징으로 풀면 이 작품은 쉽게 이해가 간다. 그렇게 되면 마지막 행의 비밀이 쉽게 풀린다. '몸 안에 새장이 있어/ 새 한 마리 솔숲을 날고 있다'는 의미는 안춘자 시인이 추구하는 시의 세계와도 부합된다할 것이다.

해 질 녘 노을을 뒤집어쓴
나란히 줄 선 석상이 제 모습에 취한다

바람을 가르는 망치 소리
평생 자신을 쪼고 다듬어
나와 마주 앉은 나
비로소 장엄하다

석상은 석공을 잊은 지 오래
표정 없이 깎고 새긴 통증
저 기막힌 소리 삼키지 못한 내력
구름과 바람은 날 더러 떠나라 하고

석상이 된 석공은
질펀한 노을을 등에 지고
어둠에 자신의 이름을 새기고 있다

―「석공」 전문

  존재에 대한 인식이 도드라져 보이는 작품이다. 시적 화자는 석공이 아닌 석상이다. 자신을 만든 석공의 존재를 드러내기 위해 서있다. 노을은 하루의 끝에 해당한다. 석공이 두드리는 망치 소리에 자신이 다듬어지고 다듬어지는 모습에는 아픔이 내재한다. 석상은 아픔 없이 몸의 형상이 이뤄지지 않는다. 석상이 만들어지면 석공은 석상 앞을 떠나야 한다. 그것은 운명이다. 하나의 존재가 만들어지기까지 석공은 필요한 존재이지만 만들어진 석상 앞에서는 석공은 존재 이유가 없다. 그래서 석공은 떠나야 한다.
  시적 화자는 석상과 마주한다. 그 석상은 석양 노을을 뒤집어쓴 채 나란히 서있다. 이는 어쩌면 기나긴 세월을 지나온 자신의 모습을 노을 속에 서있는 석상에 비유한 것일 수도 있다. 석상을 보며 제 모습에 취한다는 표현이 그것을 말해 준다. 석상을 바라보는 화자의 귀에는 돌을 다듬는 석공의 망치 소리가 들린다. 석공은 석상을 다듬는 것이 아니라 자신의 모습을 돌에 새겨 넣는 것으로 보인다. 평생 돌을 다듬어 마지막 노을 속에 세워둔 석상의 존재는 결국 자신의 존재와도 같은 것이다. 비로소 거울 앞에 선 자신처럼 석상을 마주한다. 그러나 석상은 석공을 잊은지 오래다. 석상을 바라보는 나에게는 석상을 깎고 새기던 아픔이 남아 있다. 그런 형상을 남기기 위한 고통을 삭혀내지 못하고 간직하는 나에게는 자유롭게 떠다니는 구름과 바람을 갈망한다. 석상에 얽매어 있지 말고 떠나라고 종용한다. 석상이 된 석공은 떠날 수가 없다. 세월과 함께 늙어 이미 노을 앞에 서있다. 하루의 끝이며 이는 삶의 끝지점에 도달해 있음을 상징한다. 그리고 자신의 이름을 어둠 속에 새기고 있다. 그것은 존재의 무화에로 이끈다. 석공은 자신의 존재를 새겨 넣었지만 그 존재 앞에 머무를 수는 없다. 밤이 되지 않아도 석상 앞을 떠나야 하는 존재, 석공과 석상의 존재를 통해 안춘자 시인은 자신이 안고 있는 존재와 부존재의 의미를 확인하며 인간이 느끼고 살아야 할 삶의 의미를 상징적으로 보여주고 있는 작품이다.

껍질 벗어두고
매미 날아간 자리마다 환하게 적막이 핀다
적막 속에서 터지는 꽃망울
안쪽에서 새로 돋아날

연초록 잎이 잠깐씩 보였다
그때마다 내 속에서 무엇인가 차올라 터져 나왔다

칡넝쿨로 얽혀 살면서
작은 일에도 손 내밀어 준 사람들
구름도 못 가는 세상을 가보겠다고
남겨진 안녕을 모두 끌어안고 눌러앉은 시간들

껍질을 벗듯 옷을 벗고
허공을 건너는 달빛에 몸을 누인다

내가 빠져나온 자리 적막이 피어서 환하다

—「껍질을 벗다」 전문

 여름이 다 지나갈 무렵이면 나무 아래 매미가 벗어 놓은 허물이 수북하게 떨어져 있다. 전원생활에서 만날 수 있는 광경이다. 화자는 매미가 벗어 놓은 껍질을 바라보며 적막을 느낀다. 실체가 날아가고 없는 껍질은 부존재이다. 존재가 사라지고 나면 남아있는 적막에는 터지는 꽃망울이 있다. 그 꽃망울은 또 다른 세계의 열림이다. 적막의 안쪽에서 새로 돋아날 새싹같은 연초록 잎이 잠깐씩 보인다. 그 잎은 실재하는 잎이 아니라 내 안에서 피는 새로운 세계인 것이다. '그때마다 내 속에서 무엇인가 자꾸만 차올라 터져 나왔다'라는 고백에서 보면 그것을 느낀다. 꽃망울로 터져 나오는 것은 무엇일까? 화자는 고백한다. 칡넝쿨처럼 얽혀 살면서 작은 일에도 손 내밀어 도움을 준 사람들, 구름도 못 가는 이상세계로 가보겠다고 남겨진 시간을 끌어안고 눌러앉은 시간들, 이들은 모두 현실 세계의 아웅다웅하는 모습들이다. 그 모습들이 이제는 매미가 껍질을 벗듯 옷을 벗고 허공을 건너는 달빛에 몸을 누인다. 그것이 매미가 벗어 놓은 껍질이 떨어진 자리가 적막하게 남는다. 존재가 무화되는 그 자리에 적막이 피어서 환한 것이다. 삶의 철학이 묻어나는 상징과 은유가 돋보인다.

  강가를 걷다 보면
  거칠게 휘감아 도는 물결 위에
  가만히 드러눕는 안개
  눈감고 다가가 젖은 손등을
  어루만지고 싶은 날이 있다

  안개는 말없이 와서
  흐르는 가슴을 감싸 안으며
  날개를 펴 흰옷으로 갈아입고
  무거운 등짐을 가볍게 풀어 놓는다
  무량하게 낮은 곳으로 흐르는 어깨

  다만 누군가 눈빛이
  지상을 떠났을 때
  산도 강물도 제자리에 내려놓고
  앞산 허리를 휘감아 홀연히 사라지는
  안개의 인도가 필요했으리라
  어디로 가는지는 묻지 않는다

강물이 첨벙거린다
흩어졌던 모든 길이 돌아와
앞서가는 강물 등을 토닥이며
물 위를 걷고 있는 은빛 날개를 접는다

—「강 건너는 안개」 전문

 이 시집에는 안춘자 시인이 아침에 산책하는 모습이 자주 나타난다. 산책길은 주로 강가로 나있고 이 작품도 마찬가지로 산책길에서 만난 강과 강에서 피어오른 물안개의 모습과 강을 품고 함께 흐르는 안개에 대한 응시를 풀어내고 있는 작품이다.
 강가를 거닐다 보면 아침에 피어오른 안개의 손등을 만지고 싶은 충동이 인다. 그럴 때 안개는 말없이 와서 흐르는 가슴을 끌어안으며 날개를 펴 하얀 옷으로 갈아입고 무거운 등짐을 풀어 놓는다. 강물의 어깨는 낮은 곳으로 흐르며 누군가의 눈빛이 지상을 떠났을 때 산도 강물도 제 자리에 내려놓고 앞산 허리를 휘감고 홀연히 사라지는 죽음은 안개의 인도가 필요했을 것이다. 그가 어디로 가는지 안개는 묻지 않는다. 강물이 첨벙댄다. 강을 건너는 안개를 바라보며 인간의 죽음을 떠올려 보는 일은 누구나 할 수 있는 상상이 아니다. 강과 안개가 지닌 숙명적인 만남의 사유 속에서 시인은 인간의 모습을 읽고 싶었던 것이다. 그때 떠났던 길들이 돌아와 앞서가는 강물 등을 토닥이며 물 위를 걷고 있는 은빛 날개를 접는다. 은빛 날개는 안개의 은유다. 이 시는 자연이 내포한 은유를 차용하여 인간의 삶과 죽음에 대한 상징으로 발전시키고 있는 방법론이 고급스럽다.

　안춘자 시인의 작품은 사물이나 어떤 사연들, 행위들에 어떤 의미를 입힌다. 그 의미 속에 자신이 머물도록 하려는 것이다. 안춘자 시인이 애초부터 존재에 대한 의미를 담겠다고 나선 것은 아니다. 대상에 대하여 깊이 있게 천착해 나가다 보니 그 대상에 대한 존재를 드러내게 되고 그것이 시인이 도달하고자 하는 목표치가 되어버린 것이다. 시인은 누구나 그런 방식을 따른다. 작정하거나 의도하고 대상에 덤벼들지 않는다. 찾아와 주는 의미, 그것을 표현하는 것일 뿐이다. 그래서 시는 발견이라고 하지 않는가? 시인은 사물을 발견하는 것이 아니라 의미를 발견하는 것이다. 안춘자 시인이 대상에게서 발견한 것은 대상의 존재일 것이다.

　존재론은 작품 자체가 지닌 유기체론으로도 풀이 된다. 한 사물의 존재를 밝히기 위해서는 그 사물을 드러낸 시가 유기체로 살아 있는 존재가 되어야 한다는 의미다. 한 사물이 시 속에서 자체의 성격과 법칙을 가지고 독자성을 유지할 때 그 사물의 존재가 밝혀지는 것이다. 이는 아리스토텔래스가 말하는 생명을 지닌 작품으로 거듭나야 함을 문학의 유기체설로 말해 준다. 안춘자 시인이 드러내는 사물의 존재도 이러한 범주에 머물러 있어 현존재를 파악하게 만들어 준다. 인간의 서사는 전부 존재를 드러내기 위한 방편이다. 문자로 기록되던 기록되지 않던 서사는 그 스스로 존재가 되어 살아나고 있다. 안춘자 시집에서 그것을 볼 수 있다. 첫시집 상재를 축하한다.